어린이를 위한

진짜 공부머리 독서법

초판 1쇄 발행 | 2019년 12월 5일
초판 2쇄 발행 | 2020년 7월 10일

글 서예나 | 그림 원정민

펴낸이 최현희
기획 이선일 | 편집 조설휘 | 디자인 김민정

펴낸곳 도서출판 푸른날개
출판등록 제 131-91-44275
주소 인천시 연수구 샘말로 62번길 9
전화 032)811-5103
팩스 032)232-0557, 032)821-0557
E-mail bluewing5103@naver.com

글 ⓒ 서예나 2019 | 그림 ⓒ 원정민 2019
이 책의 저작권은 저자와 출판사에 있습니다.
서면에 의한 저자와 출판사의 허락 없이 내용의 일부를 인용하거나 발췌하는 것을 금합니다.

ISBN 978-89-6559-249-5 (73810)

값 12,000원

* 잘못된 책은 구입하신 곳에서 바꿔드립니다.

어린이를 위한
진짜 공부머리 독서법

서예나 글 | 원정민 그림

작가의 말

여러분! 세종대왕, 에디슨, 빌 게이츠, 스티브 잡스의 공통점은 무엇일까요? 정답은 어렸을 적부터 매일 독서를 했다는 거예요.

책을 읽으면 머리가 좋아지고, 성격도 좋아져요. 그래서 책을 많이 읽으면 공부를 잘할 수 있고, 인기짱이 될 수도 있어요. 게임도 잘하고 싶다고요? 그렇다면 책을 읽어 보세요.

책을 읽는 동안 우리는 끊임없이 생각을 하게 되는데, 머리는 생각을 많이 하면 할수록 바쁘게 운동하며 똑똑해지거든요. 또 책을 읽으면 다른 사람의 생각을 이해하게 되고, 그러다 보면 친구들의 고민을 들어 주고 해결할 줄 아는 능력이 생겨 인기를 불러 모으게 되지요. 게임도 마찬가지예요. 머리가 좋아지면 전략을 잘 세워 이길 수 있으니까요.

그런데 여러분이 책을 읽지 않는 이유는 무엇인가요? '재미가 없어서' '책보다 더 재미있는 게 많아서' '숙제하느라 책 읽을 시간이 없어서'인가요? 맞아요, 그럴 수도 있어요.

그런데 말이에요. 책은 읽으면 읽을수록 재미있어져요. 그러다 보면 책을 읽을 시간도 저절로 생겨나기 마련이랍니다. 일단 한 달에 열 권, 아니 다섯 권이라도 읽어 보세요. 그렇게 딱 일 년만 해 보는 거예요. 일 년 후 여러분은 그 누구보다 좋은 습관을 갖게 될 거예요.

어떻게 책을 읽으면 좋을지 모르겠다고요? 그렇다면 다음 페이지를 넘겨 선생님이 준비한 이야기를 하나씩 확인해 보세요. 이 책을 다 읽은 후에는 분명 책을 좋아하는 친구가 되어 있을 거랍니다.

서예나 선생님이.

차례

 1장 독서가 왜 중요하다는 걸까?

01 독서왕? 그거 되면 뭐가 좋은데? • 14
02 그러니까 왜 책을 읽어야 하는 건데? • 18
03 책을 읽으면 머리가 좋아진다고? • 28
04 책을 읽으면 수학 공부도 잘할 수 있다고? • 30
05 책을 읽으면 암기 과목도 잘할 수 있다고? • 36
06 책을 많이 읽으면 인공 지능도 넘어설 수 있어? • 38

 2장 알고 보면 독서도 습관이라고?

07 책을 재미있게 읽는 방법이 있을까? • 44
08 책을 더 효과적으로 읽는 방법은? • 50
09 이해하기 힘든 문장이 나오면 어떻게 해야 돼? • 54
10 어려운 책도 읽어야 독서왕이 되는 거야? • 58
11 무슨 책이든지 어렵게 느껴진다고? • 60

 3장 진정한 독서왕이란?

12 독서왕이 되려면 책을 편식하는 습관은 고쳐야 해? • 64
13 재미없는 책도 꼭 끝까지 읽어야 해? • 68
14 책은 무조건 많이 읽을수록 좋아? • 70
15 책은 여러 번 읽는 게 좋을까? • 74
16 책을 읽을 시간이 없다고? • 78
17 줄거리가 요약된 것을 읽어도 돼? • 82

4장 독서를 재미없게 만드는 일들

18 학습 만화도 읽으면 도움이 될까? • 88
19 스마트폰과 이야기책의 차이점은 무엇일까? • 92
20 재미가 없는 지식 책도 읽어야 할까? • 96
21 위인전은 꼭 읽어야 할까? • 98
22 독후감은 써야 할까? • 102

5장 미리 알면 좋은 점

23 책은 사는 게 좋을까, 빌리는 게 좋을까? • 108
24 책장 정리는 어떻게 하면 좋을까? • 112
25 독서의 효과는 언제 나타날까? • 116
26 그래도 게임만 하고 싶다면? • 118

6장 독서왕들의 이야기

27 위인들의 독서 습관 -세종대왕 • 124
28 위인들의 독서 습관 -에디슨 • 126
29 위인들의 독서 습관 -나폴레옹 • 128
30 위인들의 독서 습관 -빌 게이츠 • 130

독서가
왜 중요하다는 걸까?

01 독서왕? 그거 되면 뭐가 좋은데?

방금 책 읽기를 시작했는데
세 줄만 넘어가도 머리가 어질어질하다고?
이 책도 당장 덮어 버리고 싶다고?

잠깐!

그거 알아?
넌 독서왕이 될 거야! 확신해!

봐, 벌써 세 줄을 훨씬 넘겼잖아.

책 읽기의 첫 단계는, 세 줄 이상 읽기야.
그러니 첫 단계는 일단 성공인 셈이지!

그럼 그 다음 단계는 뭘까?
궁금해?

좋아, 첫 단계를 성공했으니 알려 줄게.

그건 바로
마음 내키는 대로 읽는 거야.
이 책도 마찬가지야.
끝까지 읽을 필요도 없어.
물론 차례대로 읽을 필요도 없지!

그냥,
말 그대로 마음 내키는 대로 읽어 봐.

준비됐으면 시작해 볼까?

나의 독서 점수는 과연 몇 점일까?
해당하면 V표를 해 봐.

1. 좋은 책은 두 번 이상 읽는다. ☐
2. 책을 읽으면 즐겁다. ☐
3. 책 선물을 받으면 기분이 좋다. ☐
4. 어디를 가든지 책을 가지고 다닌다. ☐
5. 책을 읽을 때 주인공의 마음을 헤아린다. ☐
6. 책의 도움을 받은 적이 있다. ☐
7. 읽고 싶은 책을 발견하면 반드시 산다. ☐
8. 일주일에 한 번 이상 도서관에 간다. ☐
9. 한 달에 한 번 이상 서점에 간다. ☐
10. 책을 읽고 나서 받은 느낌을 적어 놓는다. ☐
11. 지금 이 순간에도 가장 하고 싶은 일은 독서다. ☐
12. 책을 좋아하는 사람을 만나면 반갑다. ☐
13. 한 달에 네 권 이상의 책을 읽는다. ☐
14. 학습 만화보다는 이야기책을 더 좋아한다. ☐
15. 스마트폰보다 책을 더 많이 본다. ☐

> 12개 이상 : 훌륭한 독서왕! 충분히 잘하고 있어.
> 7-11개 : 독서 고수. 독서왕이 될 가능성이 아주 높아.
> 4-7개 : 독서 중수. 조금만 더 노력해 보자.
> 3개 이하 : 독서 하수. 좋아하는 분야부터 시작해 봐.

 ## 그러니까 왜 책을 읽어야 하는 건데?

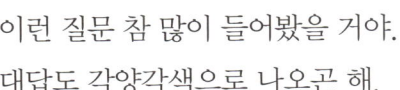

"넌 장래희망이 뭐니?"
"커서 어떤 사람이 되고 싶어?"

이런 질문 참 많이 들어봤을 거야.
대답도 각양각색으로 나오곤 해.

"과학자요."
"의사 선생님이요."
"난 프로그래머가 될 거야."
"K-POP 가수!"

그런데 이런 생각은 해 봤어?

'내 장래희망을 이루기 위해선
어떻게 해야 할까?'

이럴 때 어른들이 하는 말씀은 다 똑같아.

"이 녀석아. 공부만 잘하면 돼.
그럼 하고 싶은 거 다 할 수 있어."

진짜일까?
솔직히 말해서 반은 맞고, 반은 틀린 말이야.

장래희망을 이루기 위해선 무엇보다도
책을 읽어야 해.

'많이 그리고 자주'

말도 안 된다고?
그렇지 않아.

"만 권의 책을 읽으면 신이 될 수도 있다."라는 말이 있어.
중국의 예술가이자 정치가인 '소식'이 한 말이야.

이 말은 괜히 나온 게 아니야.

잘 들어 봐.

책을 많이 읽으면,

첫째, 공부를 잘할 수 있어.

책을 읽는 동안 우리 뇌는 그 어느 때보다 열심히 움직이거든.
그저 책만 읽었을 뿐인데 뇌가 운동을 하는 거지.

뇌 운동 덕분에 시냅스라는 뇌신경이 발달하게 돼.

촘촘해진 시냅스는
어려운 문장을 이해하는 능력을 올려 줘.
그럼 교과서를 이해하는 능력도 높아지는 거야.

그다음엔 어떤 일이 벌어질까?
어려운 문제도 척척! 성적도 쑥쑥 오르게 되겠지?

둘째, 통찰력을 기를 수 있어.

어떤 종류의 책이든 열심히 많이 읽으면
사건이 어떻게 진행될지를 미리 짐작할 수 있게 돼.

사건을 미리 짐작하는 능력이 생기면
통찰력은 저절로 길러지게 되지.

아!
통찰력은 앞으로 어떤 일이 일어날지 미리 꿰뚫어 보는 능력이야.

통찰력을 활용해 자신의 꿈을 이룬 대표적인 인물은
워런 버핏이야.

그는 책을 통해 얻은 통찰력으로
남들보다 먼저 미래를 내다봤어.

덕분에 각종 사업에서
크게 성공할 수 있었고,
세계적인 부자가 되었지.

셋째, 상상력을 키울 수 있어.

책을 읽다 보면 어느 순간 머릿속에 그림이 그려져.
주인공의 표정, 목소리는 물론
그 날의 하늘색, 달콤한 사탕 냄새,
때로는 오소소한 분위기까지!

이 모든 게 책을 통해 얻는 상상력의 결과야.

책을 읽으며 상상하는 훈련을 계속해서 하다 보면
지금까지 생각한 적도 없던 것까지도
생각해 낼 수 있게 돼.

지금 우리가 쓰는 '스마트폰'을 개발한 사람이 바로
상상력의 끝판왕!
스티브 잡스라는 거 알고 있어?

스티브 잡스는 소문난 독서왕이었대.
독서 덕분에 언제나 엉뚱한 상상을 할 수 있었고,
상상에서 그치지 않고 연구를 거듭한 끝에
지금의 스마트폰을 세상에 내놓을 수 있었다고 했어.

단 12척의 배로 일본의 배 133척을 물리친 이순신 장군
한글을 발명한 세종대왕
유럽을 정복한 나폴레옹
미국인들에게 가장 존경받는 대통령 링컨
컴퓨터 프로그램 개발자이자 자선 사업가인 빌 게이츠
전기를 발명한 과학자 에디슨

이들의 공통점은 어렸을 때부터 책 읽기를 아주 좋아한
'독서광'이었다는 거야.
평생토록 책을 손에서 놓지 않았지.

이제 알겠지?
독서는 꿈을 이룰 수 있는 가장 빠른 길이자 방법이라는 걸!

책을 읽으면 머리가 좋아진다고?

다음 중 머리를 가장 많이 쓸 때는 언제일까?

① 게임할 때 ② 노래할 때
③ 운동할 때 ④ 책 읽을 때 ⑤ 친구와 놀 때

정답은 ④번!
앞에서 봐서 알겠지만, 책을 읽는 동안 우리 뇌는 계속 운동을 해.

단어의 뜻을 이해하고 문장의 의미를 파악하는 일,
주인공은 어떤 마음인지, 사건은 어떻게 흘러갈지,
이야기의 끝은 어떻게 될지 등
많이 생각하고 깊이 생각해.

운동을 많이 하면 몸에 있는 근육의 양이 늘어나잖아?
머리도 마찬가지야.
생각을 많이 하고 깊이 하면
뇌신경이 더 활발하게 더 많이 움직이지.
그러니까 독서는 머리를 좋게 만드는
가장 쉽고 간편한 운동이라고 할 수 있어.

그런데 만약 독서를 하지 않으면
남들보다 더 많은 시간을 들이게 되고,
더 많은 노력을 해야 될 거야.
아이템이 하나도 없는 캐릭터와 같으니까.

그러니 남들보다 더 강력한 아이템을 갖고 싶다면
지금 이 순간부터 책을 읽어 봐!

책을 읽으면 수학 공부도 잘할 수 있다고?

'수포자'라는 말, 들어 봤어?
수학이 너무 어려워서 공부를 포기한 사람들을 가리키는 말이야.

중학생은 '수포자'가 열 명 중 다섯,
고등학생은 열 명 중 여덟이나 된대.
정말 어마어마하지?

그러니 나라고 '수포자'가 되지 않으리라는 법도 없겠지.

수학은 주요 과목 중 하나고,
대학 입시에도 무척 중요해.
그러니 수학을 포기하면 많은 손해를 입게 될 수 있어.

그래도 너무 걱정하지는 마.

책을 읽으면 수학 공부를 잘할 가능성이 높아지거든.

수학은 논리적인 생각을 필요로 하는 과목이야.
책을 읽으면 바로 이 '논리력'이 키워져.

어떤 책을 읽은 후
'형제자매와 우애 있게 지내야겠다.'거나
'동물을 괴롭히지 말아야지.' 하는 생각을 할 때가 있잖아.

논리력은 이렇게 책을 읽고 나서 떠올려 보는 교훈에서 시작돼.
논리력은 '생각을 이치에 맞게 이끌어 가는 힘'을 뜻하거든.

그러니까 책을 읽고 느낀 교훈 등을 정리하다 보면
논리력은 저절로 길러져!

또 논리력이 생기면,
자신의 생각을 글로 풀어내는 능력도 키울 수 있게 돼.

자, 수학 문제로 예를 들어 볼까?

문제 내일은 즐거운 소풍날입니다. 설이는 옷장에서 마음에 드는 옷과 모자를 꺼냈어요. 윗옷 2개, 아래옷 2개, 모자 2개였어요. 어떤 옷을 입고 어떤 모자를 쓸까 고민하던 설이는 직접 입어 보고 잘 어울리는 것을 찾기로 했어요. 그런데 모자랑 옷을 바꿔 가면서 입으려면 꽤 여러 번 입어 봐야겠는데요? 도대체 몇 번이나 갈아입어야 하는 걸까요?

이 문제는 '어떤 일이 일어날 수 있는 경우의 가짓수'를 묻는 문제야.

평소 책을 많이 읽은 사람은
문제의 핵심을 단번에 알아채고
문제를 풀기 시작할 거야.

하지만 그렇지 않은 사람은
문제를 여러 번 읽은 후에나 겨우 문제를 풀 수 있겠지.

다시 말해,
논리력이 강하면 문제를 쉽고 빠르게 이해할 수 있어.
또 문제를 푸는 능력도 올라가지.

수학은 문제를 어떤 목적으로 낸 것인지
어떤 식으로 풀 것인지를 생각해 내는 것이거든.

'독서가 취미'인 중학생이
수학 경시대회에서 1위를 하다.

대전 문지중학교 문승언 군은 '제7회 국제수학경시대회'에서 대상을 수상했어요. 이 대회는 수학영재를 찾기 위한 목적으로 열렸는데, 우리나라에서는 4만 여 명의 학생이 예선과 결선을 거쳤고 문승언 군이 그중 대표로 뽑혔어요.

문승언 군에게 수학실력의 비법을 묻자 이렇게 말했어요.

"책 읽기가 논리적인 사고를 키우는 데 큰 도움을 준 것 같아요. 저는 매일 한 권의 책을 읽는답니다."

문군의 어머니도 "단순히 수학만 공부해서 수학실력이 좋아진 것이 아니라 독서력이 뒷받침된 결과인 것 같다."는 말씀을 하셨답니다.

(ⓒ대전일보사)

책을 읽으면 암기 과목도 잘할 수 있다고?

암기 과목은 '단어나 개념을 외워야 하는 과목'을 말해.

그런데 정말 책을 읽으면 암기 과목도 잘할 수 있을까?

책을 많이 읽으면 뇌의 근육이 키워지잖아?
그렇게 되면 아주 많은 것을 기억하는 능력도 높아져.
몸의 근육이 많아지면 무거운 것도 번쩍 들 수 있는 것처럼 말이지.

그러니
독서를 많이 한 사람은 어떤 책을 읽어도
많은 것을 기억할 수 있어.

독서를 많이 한 사람은 책을 읽으면서
주인공이 어떤 아이인지, 어떤 환경에 처했는지,
어떤 일을 겪게 되는지, 어떤 아이로 변해 가는지 다 기억해.

하지만 좀처럼 책을 읽지 않는 사람은
책을 다 읽고 난 후에도
'주인공의 이름' 정도만 기억할 거야.

암기 과목도 이와 마찬가지야.

책을 많이 읽은 사람은
책을 한 번만 읽어도 암기를 쉽게 할 수 있지만,

그렇지 않은 사람은
몇 번이고 읽어야 겨우 이해하고
암기를 할 수 있다는 거 잊지 마.

# 책을 많이 읽으면 인공 지능도 넘어설 수 있어?

미래학자들 말에 따르면
2040년에는 컴퓨터가 인간의 지능을 뛰어넘는 일이
일어나게 될 거라고 해.
그렇게 되면 인간이 하는 일 대부분을 컴퓨터가 대신할 수도 있겠지.

생각만 해도 끔찍하다고?

너무 걱정하지 마.
인공 지능이 절대 할 수 없는 일이 있어.

그건 바로, '새로운 것을 만드는 능력'인 창의력과 관련된 일이야.
창의력은 인간만이 키울 수 있거든.

그럼 창의력은 어떻게 길러질까?
당연한 얘기지만 책을 많이 읽으면 돼.

이야기 속 장면을 머릿속으로 떠올리는 것,
그게 바로 '상상'이야.

상상력은 '상상'을 많이 할수록 강해지고,
또, 상상력이 길러지면 창의력은 저절로 커질 거야.

창의력은 '새로운 상상을 바탕으로 만들어지는 것'이거든.

인공 지능·로봇 대체 가능성이 높은 직업	
순위	직업명
1	콘크리트공
2	정육원, 도축원
3	제품조립원
4	청원경찰
5	조세행정사무원
6	물품이동장비조작원
7	경리사무원
8	환경미화원, 재활용품수거원
9	세탁 관련 기계조작원
10	택배원

인공 지능·로봇 대체 가능성이 낮은 직업	
순위	직업명
1	화가, 조각가
2	사진작가, 사진사
3	작가, 관련 전문가
4	지휘자, 작곡가, 연주가
5	애니메이터, 만화가
6	무용가, 안무가
7	가수, 성악가
8	메이크업아티스트, 분장사
9	공예원
10	예능 강사

(ⓒ한국 고용 정보원)

창의력과 관련된 직업은
화가, 사진작가, 이야기책 작가, 작곡가, 만화 작가 등이 있어.
그렇다고 화가나 작가를 직업으로 선택해야 하는 건 아니야.

과학자, 건축가도 창의력이 있어야 해.
새로운 물건이나 집을 개발하는 데 가장 필요한 것이 '창의력'이거든.

선생님, 의사도 마찬가지지.
창의력이 있다면
선생님은 학생들을 더 재미있게 가르칠 수 있고,
의사는 수술을 더 효과적으로 할 수 있지 않을까?

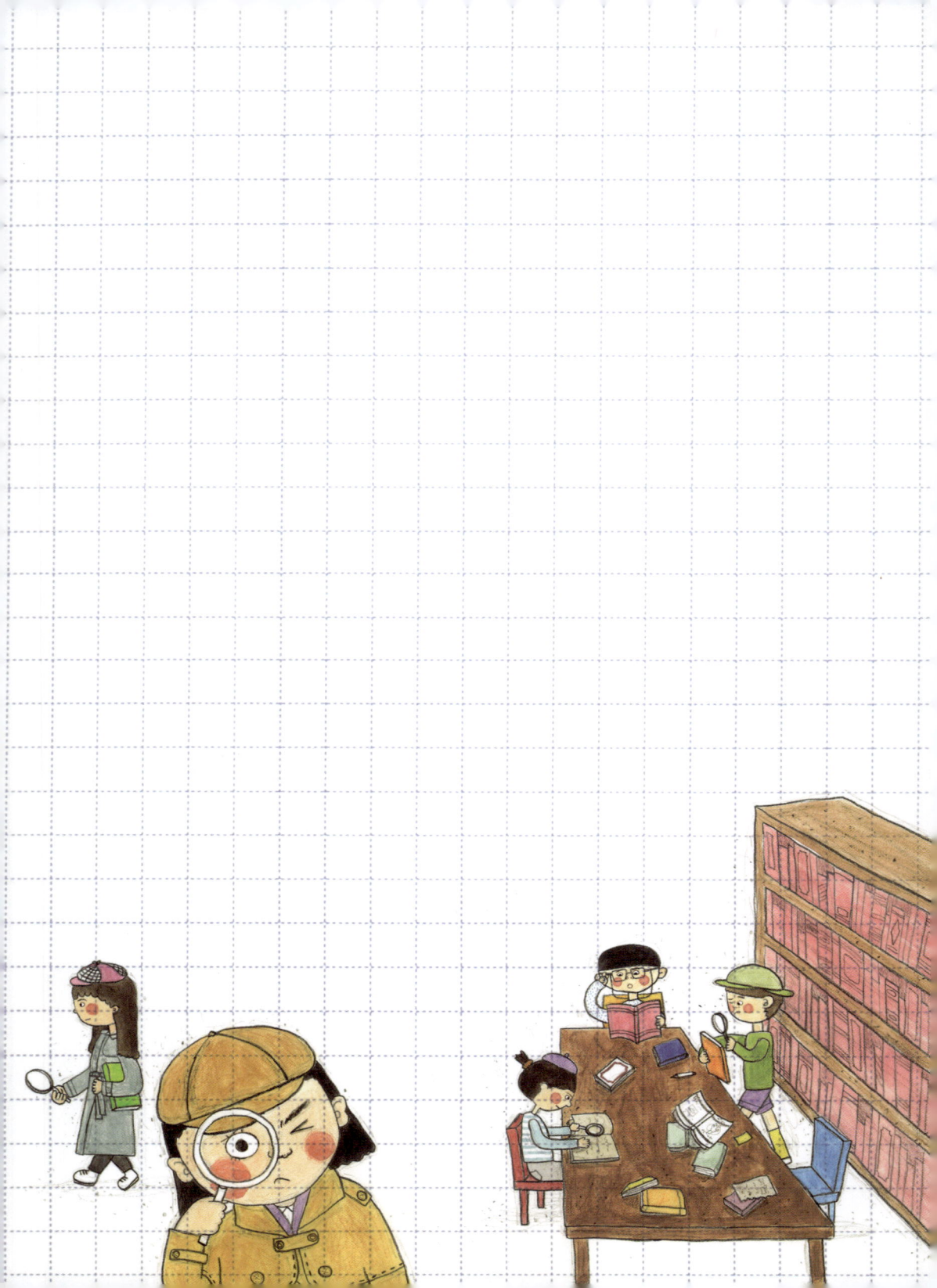

2장

알고 보면
독서도 습관이라고?

 # 책을 재미있게 읽는 방법이 있을까?

네가 제일 재미있어 하는 일은 뭐야?
게임 하기? 텔레비전 보기? 친구랑 놀기?

독서는 그것보다 더 재미있고, 신나는 일이어야 해.

우리가 게임을 하는 이유는 뭘까?
재미가 있어서겠지?
텔레비전을 보거나, 친구들과 노는 일도 마찬가지일 거야.

그렇다면 책을 읽지 않는 이유는 무엇일까?
맞아. 재미가 없어서야.
재미있지 않으면 읽히지가 않거든.

억지로라도 책을 읽으라고 하지만 그게 어디 쉬운 일이야?
무슨 일이든 재미가 없으면 하기 싫은 법이지.
저절로 하품이 나오고 딴생각이 들기 마련이잖아.

그렇다면 책을 재미있게 읽는 방법은 무엇일까?

첫째, 책은 스스로 골라야 해.

편의점에서 음료수를 살 때, 평소 좋아하는 음료수를 고르잖아?
책도 스스로 골라 봐.

표지나 제목이 마음에 드는 책,
왠지 모르게 눈길을 사로잡는 그림이 그려진 책.
이런 식으로 스스로 책을 고르면 금세 읽고 싶은 마음이 들 거야.

그러고 나서 책을 읽기 시작해 봐.
시작이 반이라는 말 들어 봤지?

책에 재미를 느끼는 순간,
독서왕이 될 가능성이 높아진다고 보면 돼.

독서의 재미를 알게 되면 다음 책에 손이 가고,
그다음 책은 더욱 재미있게 읽을 수 있게 돼.

둘째, 용돈으로 책을 사는 거야.

지금 방을 한 번 둘러봐.
용돈으로 산 물건 중에 소중하지 않은 게 있니?
과자, 장난감, 필기도구, 심지어 종이 한 장도
자기 용돈으로 산 물건들은 더 소중하게 느껴지지 않니?

책도 비슷해.

용돈이 아까워서라도
책을 신중히 고르게 되고, 한 페이지라도 더 읽게 되지.

그렇게 되면 책은 더 재미있게 느껴지는 법이란다.

그런데 아무리 생각해도 용돈으로 책을 사는 건 아까운 것 같다고?

그럼 이 사실을 기억해.
용돈으로 책을 사는 사람은
독서왕이 될 가능성이 엄청나게 높아진다는 것을 말이야.

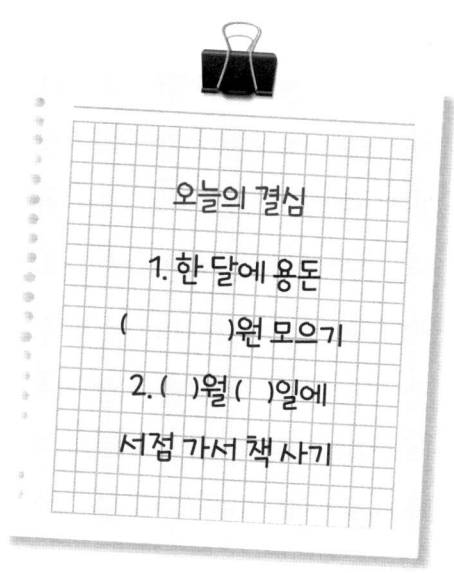

참, 여기서 중요한 점이 있어.
한꺼번에 많이 사는 것은 좋지 않아.
쌓아 둔 책은 보기만 해도 부담을 느낄 수 있거든.

책을 더 효과적으로 읽는 방법은?

책은 빨리 읽는 게 좋다고 생각하는 친구들이 많아.
게임이나 다른 놀이를 더 할 수 있는 시간을 벌 수 있으니까 말이야.

하지만 빨리 읽는 건 아주 좋지 않은 독서 방법이야.

'급히 먹는 밥이 체하는 법'이라는 속담 들어 봤지?
너무 급히 서두르면 일을 망친다는 뜻이야.

책도 너무 빨리 읽으면 체하는 법이야.
책이 주는 재미를 느끼기 보다는,
그저 책을 읽는 시늉만 했을 뿐이지.

책을 읽을 때는 속도에 신경 쓰지 말고 재미를 느껴야 해.
그게 바로 참다운 독서법이야.

그럼 책을 읽을 때에는 어떻게 해야 할까?

첫째, 빨리 읽어야 한다는 생각을 버려.
독서는 얼른 해치워야 하는 학교 숙제가 아니야.
좋아하는 일을 할 때의 마음가짐처럼 오로지 책에 집중해.

둘째, 천천히 생각하며 읽어.
책의 내용이 무엇인지,
내가 어떤 감정을 느끼고 있는지 등을 계속 떠올리면서.

셋째, 마음에 들었던 문장을 독서 노트에 적어 봐.
마음에 닿는 문장에 밑줄을 긋는 것도 좋아.
그렇게 해서 제대로 한 권을 읽는 게 중요해.

책은 재미있게 읽는 게 중요하고,
재미있게 읽기 위해서는
집중해서, 천천히 생각하며 읽는 게 가장 중요하단다.

 # 이해하기 힘든 문장이 나오면 어떻게 해야 돼?

책을 읽다 보면 이해하기 힘든 문장을 만날 때가 있어.
문장을 이해하지 못하면, 책이 재미없게 느껴질 수 있지.

그럼 바로 책을 덮는 게 좋을까?
책을 읽을 때, 모든 문장을 이해하는 건 쉬운 일이 아니야.
때로는 어려운 문장을 만나기도 하지.

게임을 떠올려 봐.
늘 쉬운 대결만 하는 건 아니잖아?
어려운 위기는 언제나 닥치기 마련이지.

그때 위기를 잘 넘기면 레벨은 올라가고,
게임은 더 재미있어져.
더불어 게임 실력도 더 늘어나겠지?

책도 비슷해.
어려운 문장을 만났다 하더라도 그 위기를 잘 넘기면
독서의 즐거움은 훨씬 더 늘어나.

하지만 어려운 문장이 계속 나와서
내용을 이해하는 데 어려움을 겪는다면
그만 읽는 것이 좋아.

책은 '네가 이기나, 내가 이기나.' 하는 마음으로 읽어서는 안 돼.
또 잘난 체를 하고 싶은 마음으로 책을 읽는 것도 바람직하지 않아.

다시 말하자면 독서는 재미를 느낄 수 있어야 해.
재미를 방해할 만큼 이해가 힘들면 과감히 책장을 덮어.

그리고 다른 책을 읽어 봐.
덮어 둔 책은 몇 달, 혹은 일 년 뒤에 다시 들춰 봐.
그때에는 그 문장들을 이해할 수 있을 거야.

꾸준히 독서를 하다 보면
문장이나 단어를 이해하는 능력이 길러지고,
어려운 내용도 조금씩 이해할 수 있게 될 거야.

어려운 책도 읽어야
독서왕이 되는 거야?

책의 내용을 모르는 것은 잘못이 아니야.

자신에게 어려운 책이 있을 수도 있고, 쉬운 책이 있을 수도 있어.

내가 이해하기는 쉽지만,
다른 사람이 이해하기 어려운 책이 있을 수도 있겠지.

책을 읽기 힘들면, 그저 나와 맞지 않다고 생각하면 돼.

그러니 제아무리 유명한 글이라도
읽기가 힘들다면 책을 덮는 게 좋아.
그럼에도 불구하고 계속 읽는다는 것은 '오기'를 부리는 것과 같아.

책을 고를 때 가장 중요한 건
'자신에게 맞는 책인지 아닌지'를 알아보는 거야.

자신에게 맞는 책이 없을 수는 없어.
서점으로 가 자신에게 맞는 책을 찾아 봐.

11 무슨 책이든지 어렵게 느껴진다고?

세상 모든 책이 어렵게 느껴지는 사람은 없어.
단지 관심이 없어서 그럴 수는 있겠지.
같은 책이라도, 어떤 사람에게는 쉽고 어떤 사람에게는 어려울 수 있어.

만약 야구를 좋아하는 사람이라면 야구 책을 쉽게 이해하겠지만,
그렇지 않은 사람이라면 한 페이지도 넘기기 힘들 거야.

마찬가지로
아무리 글 양이 적어도 나에게는 어려운 것 같고
남들이 다 재미있다고 하는 책도 나에게는 지루할 수 있어.

그렇다면 그림책부터 읽어 봐.
그림책도 다 같은 그림책이 아니야.
잔잔한 감동을 주는 책, 신나는 모험을 담은 책,
오싹오싹한 무서운 이야기책 등 여러 종류가 있지.
그림책도 많이 읽다 보면 내가 어떤 종류의 책을 좋아하는지 알게 돼.

그렇게 책의 재미를 찾아가다 보면 더 긴 글을 읽을 수 있고,
조금 어려운 책도 거뜬히 읽을 수 있게 될 거야.

그러니 책이 어렵게 느껴진다고 책 읽기를 포기하지 마.
내가 관심 있고, 흥미를 느끼는 책은 분명 있으니까.

그림책부터 차근차근 시작하며
내가 어떤 장르의 글을 좋아하는 지 알아봐.

모든 책이 어렵게 느껴지는 사람은 없어.

3장

진정한 독서왕이란?

독서왕이 되려면
책을 편식하는 습관은 고쳐야 해?

한 종류의 책만 좋아한다고 누가 핀잔을 줘도 걱정할 필요 없어.
어떤 책이든 재미있게 읽는 게 중요해.

어떤 종류의 책을 좋아하니?

오싹오싹 소름이 끼치는 귀신 이야기?
끝까지 긴장을 늦출 수 없는 추리 이야기?
힘세고 무서운 괴물 이야기나
신기한 마법사 이야기일 수도 있겠지.

뭐든 괜찮아.
재미를 느껴서 계속 찾아 읽는 게 중요하니까.

'귀신'이 나오는 책을 재미있게 읽었다면,
귀신과 관련된 또 다른 책을 찾아 읽어 봐.
몽달귀신에 관한 이야기를 읽은 다음에는
처녀귀신, 드라큘라, 도깨비 등의 책을 찾아 보는 거야.

귀신 박사라 불릴 때까지 귀신에 관한 책만 읽어도 상관없어.

> **질문**
> 그런데 정말 한 가지 종류의 책만 읽어도
> 괜찮을까 걱정이 된다고?

밥을 먹다 보면
고기가 먹고 싶어질 때가 있고, 또 라면이 먹고 싶어질 때가 있어.

책도 마찬가지야.

귀신 이야기에 관한 책을 읽다 보면
귀신의 역사가 궁금해질 날이 올 거야.
그럼 역사책에 자연스레 관심을 가지게 될 거고.
또 귀신이 정말 존재하는지를 알고 싶은 날에는
과학책에도 관심을 가지게 되겠지?

그러니 한 가지 책만 읽는다고 걱정할 필요는 없어.
독서에 재미만 붙이면
한 종류의 책을 읽는 습관은
어느 순간 사라지게 되니까.

13. 재미없는 책도 꼭 끝까지 읽어야 해?

책은 친구를 사귀는 일과 비슷해.
친구가 나와 잘 맞지 않으면 친하게 지내기 어렵지?

책도 나와 맞지 않는 책이 있을 수 있어.

정말 유명한 작가가 쓴 책,
친구가 재미있게 읽은 책,
텔레비전에서 소개된 책도
재미가 느껴지지 않을 수 있다는 말이야.

그런 책은 끝까지 읽으려고 애쓰지 않아도 돼.
끝까지 읽어야 한다는 부담을 가지면
재미는 더 떨어지게 마련이니까.

하품이 절로 나오거나,
딴생각이 계속 떠오른다면
용감히 그 책은 덮어 버려.

그리고 덮어 버린 그 책은 다시 책장에 꽂아 둬.

김치를 못 먹던 아이가
어느 날 김치를 먹게 되는 날이 오듯
재미없게 느껴지는 책도
재미있어지는 날이 오기 마련이야.

덮어놓았던 책을 잊고 지내다 보면,
어느 날 그 책이 읽고 싶어지는 날이 올지도 몰라.

그럼 그때 읽으면 돼.

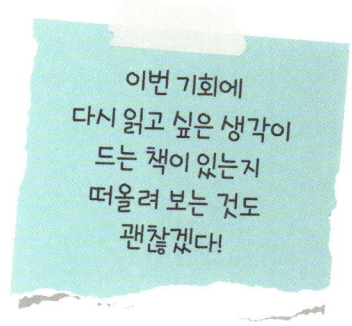

책은 무조건 많이 읽을수록 좋아?

초등 독서력 평가 ( )학년 ( )반 ( )번
이름:

책은 일주일에 몇 권을 읽으면 좋을까요?

① 1~3권 ② 4~6권

③ 7~9권 ④ 10권

독서왕이 되려면 책은 많이 읽을수록 좋지만,
'무조건' 읽는 건 좋지 않아.

독서왕이 되겠다는 욕심으로
서둘러 읽으려다 보면
오히려 책에 질려 버릴 수도 있거든.

운동도 무조건 많이 하다 보면 몸이 안 좋아질 수 있고
밥도 무조건 많이 먹다 보면 체할 수 있잖아.

책도 마찬가지야.
책을 한 번에 많이 읽으려고 하는 것보다는
조금씩 독서하는 습관을 들이는 게 좋아.

그렇다면, 책은 얼마나 읽는 게 적당할까?

평소 일주일에 한 권을 읽었다면,
두 권을 읽어 보는 습관을 들이고,
그다음에는 세 권으로 천천히 늘려 봐.

책은 일주일에 적으면 1권,
많으면 5권~7권 정도 읽는 게 적당해.

아주 많이 읽는다면, 10권도 가능하겠지?

책을 무조건 많이 읽는 것보다 중요한 건,
책을 어떻게 읽느냐거든.

다시 한 번 말하자면
책은 '천천히 생각하면서, 재미있게' 읽어야 해.

참, 답은 ①②③④가 되겠다.

나의 독서량 그래프

첫째 주

둘째 주   🟡

셋째 주 🟢 🟢 🟢 🟢

넷째 주 🔵 🔵 🔵 🔵 🔵

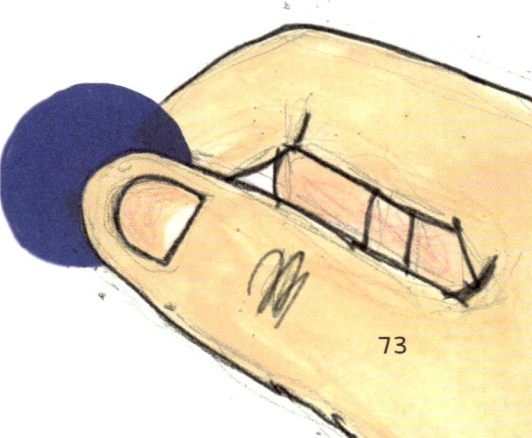

15 책은 여러 번 읽는 게 좋을까?

자신의 생각과 비교해,
'옳다'고 생각하는 문장에 동그라미를 해 봐.

책은 여러 번 읽는 게 좋다. ☐

책은 한 번만 봐도 충분하다. ☐

사람은 한 번만 봐서는 그 사람이 어떤 사람인지 정확히 알지 못해.
대충만 알 뿐이지.

어떤 사람의 참모습을 알고 싶다면 계속 만나고 이야기를 나눠야 해.
그럼 진짜 모습이 조금씩 보이기 시작해.

책도 여러 번을 봐야 그 책의 진정한 매력을 느끼게 돼.
우리가 미처 깨닫지 못한 부분을 발견하게 되는 거지.

책은 이야기 끝에 이르기 전에 여러 단서를 보여 줘.

그리고 우리는 그 단서를 통해
결말이 어떻게 끝나는지 짐작해 볼 수 있어.

첫 번째 읽기에서 단서 하나를 잡아냈다면,
두 번째 읽기에서는 두세 개를 잡아낼 수 있어.
세 번째에서는 여덟아홉 개를 잡아낼 수 있겠지.

이렇게 해서 단서를 잡아내는 능력이 높아지면,
덩달아 통찰력이라는 것도 만들어져.

통찰력은 '남들이 보지 못하는 것을 보는 힘'이라고 할 수 있어.
통찰력은 초능력과 같아. 특별한 능력인 셈이지.

통찰력이 뛰어난 사람은
눈앞의 현실을 남들보다 빠르고 정확히 볼 수 있어.
앞으로 어떤 일이 일어날지 미리 짐작할 수 있는 거야.

> **질문**
> 나폴레옹, 알렉산더 대왕,
> 이순신의 공통점은 무엇일까?

정답은 책을 많이 읽는 '독서왕'이었어.

이들은 책에서 얻은 통찰력 덕분에 수많은 전쟁에서 승리를 거두었어.
적군들의 행동을 미리 계산해서 전략을 세웠거든.

세계적인 부자이자 사업가 워런 버핏도 마찬가지였어.
그도 책을 통해 얻은 통찰력으로
남들보다 먼저 미래를 내다볼 수 있었어.
그 덕분에 여러 사업을 크게 성공시켰지.

훌륭한 지도자가 되고 싶니?
그럼, 책을 여러 번 읽어 봐.

책을 여러 번 읽는 반복 독서는
통찰력을 키울 수 있는 가장 좋은 도구라는 걸 명심해.

책을 읽을 시간이 없다고?

스마트폰을 손에서 놓지 않는 사람들을 잘 살펴봐.
특별한 일이 없는데도
시간이 날 때마다 스마트폰을 확인해.
친구에게 메시지를 보내거나, 동영상을 틀어 보기도 하지.
특별한 일 없이 그렇게 시간을 때우는 거야.

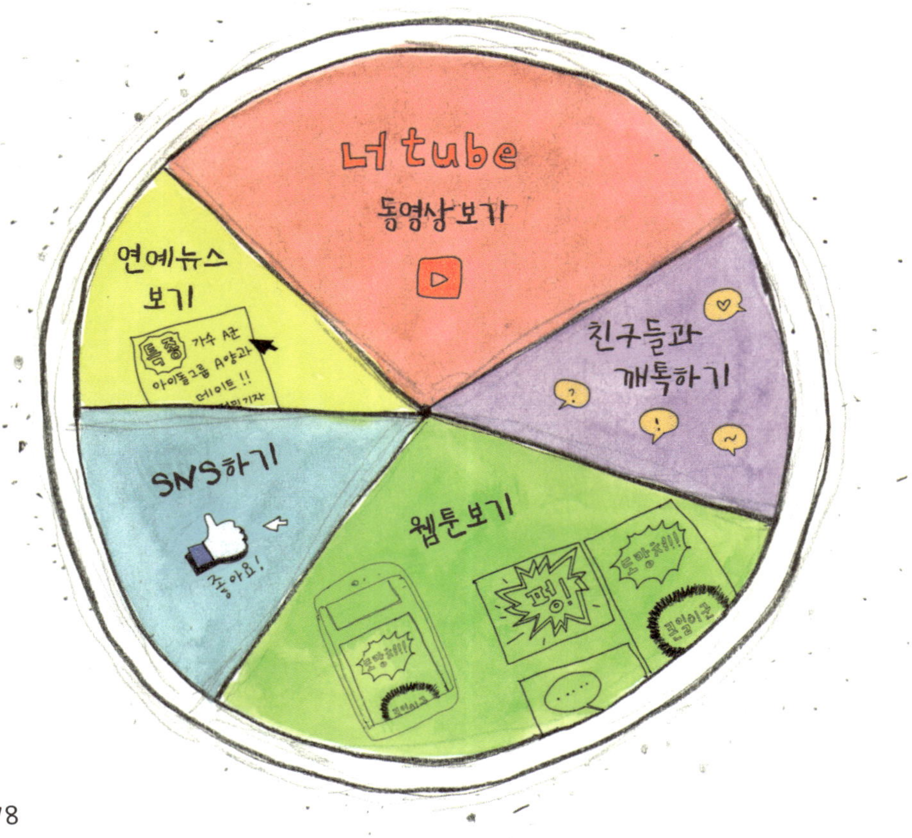

책을 많이 읽는 사람들도 이와 비슷해.
독서 시간을 따로 정해 두지 않아.
늘 책을 가방에 넣고 다니면서 시간이 나는 틈틈이 펼쳐 읽어.

버스를 기다리거나,
화장실 줄을 설 때에도
엘리베이터를 기다리는 시간에도
책을 읽는단다.

그렇게만 읽어도 일주일에 한 권은 거뜬히 읽을 수 있어.
그럼 1년에 50권 정도의 책을 읽을 수 있는 셈이야.

책 읽는 시간을 따로 정해 두지 않아도 50권을 읽을 수 있다니,
정말 놀랍지 않니?

이제부터 스마트폰을 집어 드는 대신,
책을 습관적으로 집어 봐.

독서 습관이 아직 몸에 배지 않았다면 어떻게 해야 할까?

습관이 들 때까지는 독서 시간을 따로 정해 두는 것도 좋은 방법이야.

잠들기 전 혹은 아침 일찍 일어나 책을 읽는 습관을 들여 보면 어떨까?
한 30분 정도씩 말이야.
그렇게 한두 달만 하다 보면, 독서 습관은 저절로 길러지게 돼.

다시 한 번 말하지만, 독서는 습관이야.
습관이 들 때까지는 책을 읽을 시간을 마련해 봐.

독서 시간 만들기

1. 가방에 책을 넣고 다니기
2. 베개 밑에 책을 넣어 두고, 잠이 오지 않으면 읽기
3. 매일 아침 30분 일찍 일어나 읽기

17 줄거리가 요약된 것을 읽어도 돼?

줄거리 요약을 읽는 이유는
책을 읽는 시간, 독후감을 쓰는 시간이 아깝다는 생각 때문일 거야.

영화를 볼 때 32배속으로 본 적이 있어?

책을 읽지 않고 줄거리 요약만 읽는 것은,
영화를 32배속으로 보는 것과 같아.

영화를 빨리 돌려 보면
대사도 듣지 못하고 주인공들의 감정을 느끼지도 못해.
말 그대로 '수박 겉핥기'라고 할 수 있어.
영화 속 내용은 모르고 겉만 건드리는 식이지.

주인공이 누구였는지, 어떤 장르의 영화였는지 정도만 기억할 텐데
이것이 진정한 영화 감상이라고 할 수 있을까?

독서도 마찬가지야.
독서는 모름지기 깊이 생각하고, 상상하는 과정을 느껴야 해.
그러니 줄거리 요약은 진정한 독서라고 할 수 없어.

거짓으로 읽은 척, 거짓으로 감동받은 척을 하는 거지.
그런 거짓 독서를 하는 것보다는 아예 하지 않는 게 좋아.

거짓 독서를 하다 보면
독서 습관이 아예 망가져 버릴 테니까.

시간이 정 없으면, 단 몇 페이지라도 넘겨 봐.
시간이 될 때까지 만이라도 읽어 보는 거야.

독후감을 써야 한다면 몇 페이지 읽은 것까지만 쓰면 돼.
'결말이 어떨지 궁금하다.'
'어떻게 끝났으면 좋겠다.' 식으로 써도 충분해.

줄거리 요약을 읽는 시간에
한 페이지라도 더 읽고 깊이 생각하고 상상하는 게 더 좋아.

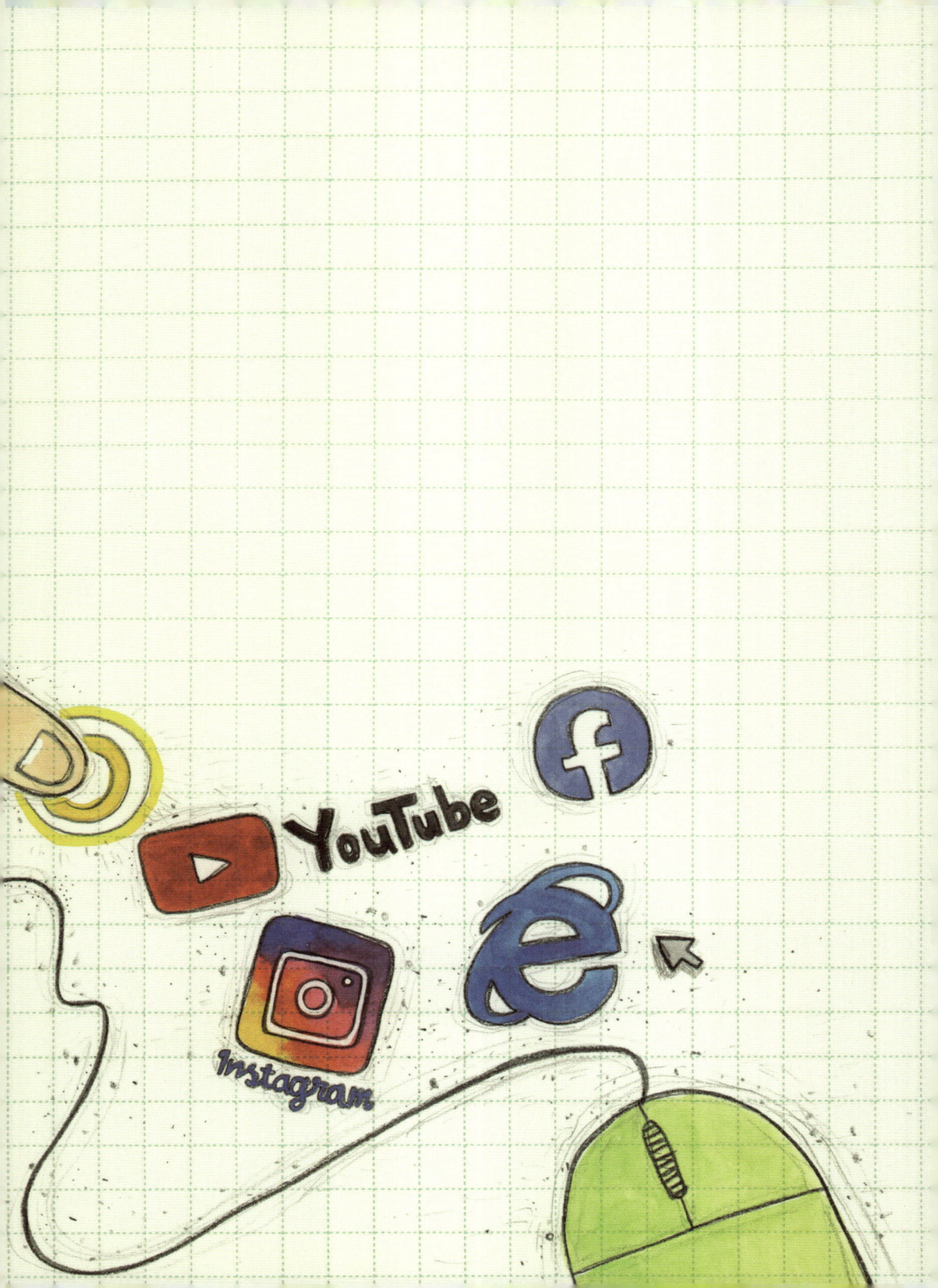

4장

독서를 재미없게 만드는 일들

학습 만화도 읽으면 도움이 될까?

학습 만화는 그림이 가득 있고,
인물의 대사가 간단해 읽기에 부담이 없어.
복잡하고 어려운 말이 나와도 대강 이해하고 넘어갈 수도 있지.
덕분에 쉽게 재미를 느낄 수 있어.

그래서 책을 읽으라고 하면
꼭 학습 만화책을 집어드는 친구가 있어.
학습 만화도 책은 책이니까.

그렇다면 학습 만화책도 많이 읽으면 머리가 좋아지는 데 도움이 될까?

도움이 될 수도 있고, 안 될 수도 있어.

처음에 독서의 재미를 느끼기 위해 학습 만화를 읽는 것은 좋아.
하지만 계속 학습 만화만 찾고 다른 책을 보지 않게 되면
독서왕이 되지 못할 가능성이 높아진단다.

그러니까 학습 만화는
그림책에서 이야기책으로 넘어가는
중간 다리 역할을 하는 책이라고 생각하는 게 좋아.

그러니 조금씩 학습 만화 보는 걸 줄이도록 노력해 봐.

학습 만화를 1주일에 한 권 정도 읽었다면,
2주일에 한 권 정도로 줄이는 걸 목표로 둬 봐.
더 가능하면 한 달에 한 권까지 줄여 보는 거야.

그러고 난 뒤에는
조금 긴 글이 들어간 이야기책 읽기에 도전해 보는 거야.

학습 만화 줄이기 계획

나는 학습 만화를
한 달에 (　　)권으로
줄여 읽겠다.

# 스마트폰과 이야기책의 차이점은 무엇일까?

다음 ( )안에 들어갈 말을 넣어 보세요.

책과 스마트폰의 공통점:

(①   )를 준다.

책과 스마트폰의 차이점:

(②   )은 가까이 하면 도움이 되지만,

(③   )은 그렇지 않다.

답을 먼저 말하자면 ① **재미** ② **책** ③ **스마트폰** 이야.

스마트폰을 볼 때에는 머리를 쓸 필요가 없어.
끊임없이 영상을 보여 주기 때문에
편하게 앉아 화면을 눈으로 보기만 하면 되잖아.

그렇게 스마트폰만 보다 보면
뇌가 운동을 하지 못하게 되고, 이 때문에 뇌는 자라지 못해.
뇌는 쓰면 쓸수록 자라는데 말이지.

책은 이와 반대야.
책은 읽을 때 머리를 계속 써야 해.

글자를 읽어 내려갈 때마다
장면 하나하나를 머릿속에 그려 보게 되고,
단어와 문장의 의미를 이해하려 하지.
또 주인공들의 심정이 어떤지 헤아려야 해.

그러니 책을 읽으면
뇌는 계속 운동을 하게 되고,
그 덕에 머리가 좋아지게 돼.

> **질문**
> 그런데 말이야, 스마트폰을 개발한
> 스티브 잡스의 취미는 무엇이었을까?

바로 독서였어.
독서는 머리를 좋게 해 줄 뿐만 아니라, 상상력도 길러 줘.
책의 장면을 계속 떠올리는 것, 그게 바로 상상력이야.

스티브 잡스는 독서를 통해 길러진 상상력을 활용해
누구도 생각하지 못한 '스마트폰'이라는 기발한 상품을 세상에 내놓았지.

'스마트폰을 보는 사람이 될 것이냐, 개발하는 사람이 될 것이냐.'는
'독서를 하느냐 마느냐'에 달려 있어.

너는 어떤 사람이 되고 싶어?

 # 재미가 없는 지식 책도 읽어야 할까?

지식을 알려 주는 책은
책을 읽는 목적에 따라 도움이 될 수도 있고, 아닐 수도 있어.

독서의 효과를 당장 보기 위해,
또는 지식을 뽐내기 위해 책을 읽는다면 그만두는 게 좋아.
지식은 인터넷을 통해서도 얼마든지 얻을 수 있잖아.
꼭 지식 책을 읽어야 남들에게 으스댈 수 있는 건 아니야.

> **질문**
> 그렇다면, 어떤 경우에
> 지식 책을 읽는 것이 도움이 될까?

내가 관심 있어 하고,
책에서 주는 정보가 재미있게 받아들여진다면 읽어도 돼.

만약 '강아지'에 관한 책이 있다고 치면,
'강아지'를 더 알고 싶은 마음으로 읽는 건 괜찮아.

그러니 새로운 지식을 받아들이는 게 재미있다면 읽고,
그렇지 않으면 굳이 애써서 읽지 않아도 좋아.

지식 책이 재미없게 느껴진다고 걱정할 필요도 없어.

독서 습관만 들인다면
아무리 어려운 책도 언젠가 재미있어지는 순간이 오게 마련이고,
책의 재미를 느끼면,
지식은 저절로 따라오게 되거든.

그러니 억지로 지식 책을 읽지는 마.
읽고 싶은 마음이 들 때 읽어도 늦지 않으니까!

21. 위인전은 꼭 읽어야 할까?

존경하는 분이 있니?
그럼 그 분의 위인전을 읽어도 돼.

위인전에는 어려운 환경을 이겨 내고 살아가는 지혜와
꿈을 이루는 과정이 담겨 있기 때문에 여러모로 유익해.

하지만 위인전 읽기는 그것보다
그 사람에 대한 관심이 있고 없고가 중요해.

아무리 비싼 음식, 아무리 예쁜 옷이라도
나에게 맞지 않으면 다 소용없잖아.

아무리 훌륭한 사람의 이야기라도
내가 관심이 없으면 위인전을 읽는 건 힘든 일일 거야.

그러니 위인전도 관심이 없거나
재미가 없으면 잠시 덮어 두자.

내가 존경하는 사람의 이름을 써 보세요.

> **질문**
>
> 집에 '위인 전집'이 있는 경우라면
> 어떻게 해야 할까?

전집이 꽂힌 책장을 보며
'저 많은 책을 언제 다 읽나.' 하는 생각을 해 본 적 있을 거야.
그렇게 생각하다 보면 전집을 읽지 못해.

그것보다는 마음에 드는 책 딱 한 권만 골라 보자는
마음을 가지는 게 좋아.

전집은 마음에 드는 딱 한 권만 발견해도
절반은 성공한 셈이거든.

이순신을 좋아해서 이순신에 관한 책을 읽었다면
이순신과 친하게 지냈던 사람들
혹은 그와 비슷한 시대를 살았던 사람들에게
자연스레 관심이 갈 거야.

그럼 저절로 다른 위인전을 읽어 보겠지?

그러니 위인 전집에 절대 부담감을 가지지 마.
언젠가는 위인 전집의 절반쯤은 읽게 될 날이 올 거야.
전집은 절반만 읽어도 충분히 많이 읽은 거란다.

그렇다면, 고전은 읽어야 할까?

고전은 오랫동안 많은 사람에게 읽힌 작품이야.
하지만 초등학생이 읽기엔 무리가 있어.
따지고 보면 고전은 어른들을 위한 책이거든.

고전을 읽는다는 것은 어른들의 대화에 끼는 것과 비슷해.
그러니 재미가 없고 따분하게만 느껴질 거야.

고전은 중학생, 고등학생이 되고 나서 읽어도 늦지 않아.

 ## 독후감은 써야 할까?

독후감을 쓰는 건 좋아.
책이 주는 감동을 더 오래 간직할 수 있고,
생각도 훨씬 더 깊게 하도록 도와주지.
책 읽은 후의 느낌을 두고두고 기억해 둘 수도 있어.

목후감 (어린왕자)

♥ 지은이 : 생 텍쥐페리

~기 때문이야.

사막이 아름다운 건 어딘가에 우물이
~가는 글이 마음에 와닿았다

하지만 독후감을 쓸 때 억지로 느낌을 짜내거나,
지어내는 거라면 굳이 쓸 필요는 없어.

책을 재미있게 읽었다면 그걸로 충분해.
책을 읽는 목적은 재미를 느끼기 위해서니까.

억지로 쓰는 독후감은 독서의 즐거움을 빼앗아.
그것보다는 책을 읽는 데에만
집중하는 게 좋아.

> **질문**
> ## 독후감 숙제가 있다면
> ## 어떻게 해야 할까?

독후감은 다른 숙제보다 시간이 많이 걸려.
그러니 힘들 수밖에 없고,
억지로 머리를 쥐어짤 수밖에.

독후감 숙제에서 가장 중요한 건,
독후감 쓸 시간을 넉넉하게 마련해 두는 거야.
생각은 바로 떠오르는 게 아니거든.

그리고 또 중요한 건,
책을 읽은 직후에 쓰는 게 좋아.
그때가 가장 생각이 많이 떠오를 때거든.

좋아하는 책을 읽었다면,
먼저 줄거리를 간단하게 정리해 봐.
참, 줄거리를 모두 다뤄야 하는 건 아니야.

그 다음으로는,
가장 인상적인 부분을 생각해 봐.

그리고
내가 주인공이었다면 어떻게 할지 상상해 보는 거야.

마지막으로,
책을 덮은 직후 떠오르는 느낌이나 생각을 정리해 봐.

이 네 가지를 생각해서 독후감을 쓴다면
크게 어렵지 않을 거야.

5장

미리 알면 좋은 점

23 책은 사는 게 좋을까, 빌리는 게 좋을까?

결론부터 말하면 둘 다 좋아.
용돈이 좀 넉넉하다면 사고,
그렇지 않으면 빌려서 봐도 괜찮아.

만약
책을 산다면 자기가 모은 용돈으로 사 봐.
자기 돈으로 산 책은 결국은 읽게 마련이거든.

책을 사면 좋은 점 또 하나는,
책을 두고두고 읽을 수 있다는 거야.
책은 반복해서 읽을수록 좋잖아.

물론 도서관에서 빌린 책도 여러 번 읽을 수는 있지만,
정해진 기간이 있어서 쉽지는 않지.

> **질문**
> 책 살 돈이 모자라면
> 어떻게 하냐고?

책을 모두 사서 읽어야 하는 건 아니야.
몇 번이고 다시 읽고 싶은 책만 사는 것도 좋은 방법이야.

도서관에서 책을 빌려 보다가,
그 책을 두고두고 보고 싶다는 생각이 들면
제목을 메모해 둬.

그러다 그 책을 꼭 사야겠다는 생각이 들면 서점에 가는 거지.

한 달에 한 권은
용돈으로 책을 산다는 목표를 세우고
책을 사는 것도 좋아.

그래도 용돈이 부족하면 어떻게 하냐고?

그럼 부모님께 도움을 받아 봐.
책 사는 데 도움을 주지 않을 부모님은 없거든.

 **책장 정리는
어떻게 하면 좋을까?**

책장에 꽂힌 책을 살펴봐.
앞부분만 읽은 책도 있고, 한 번도 펼쳐 보지 않은 책도 있을 거야.
물론 끝까지 읽은 책도 있겠지.

끝까지 읽은 책과 그렇지 않은 책이 섞여 있다면 책장 정리를 해.
책장 정리는 독서 계획을 세우는 첫 번째 단계라고 할 수 있어.

두고두고 읽고 싶은 책	다 읽은 책
앞으로 읽고 싶은 책	
당분간 읽지 않을 책	절대 읽고 싶지 않은 책

두고두고 읽고 싶은 책은 '가장 잘 보이는 곳',
읽고 싶지 않은 책은 '잘 보이지 않는 곳',
다 읽은 책이나, 또 보고 싶은 책은 '손이 쉽게 가는 곳'에 두는 거야.

이런 식으로 책장 정리를 하면 독서를 하고 싶은 마음이 더 들고,
책을 고를 때에도 실수를 하는 일이 줄어 들어.

> **질문**
> 만약 책장이 넘치면
> 어떻게 해야 할까?

'절대 읽고 싶지 않은 책'을 다른 곳에 빼 두고
"다음에 만나자." 하며 인사를 하는 거야.

언젠가 읽고 싶은 날이 오면, 그때 다시 찾아 읽으면 돼.

'다 읽은 책'은 친구들에게 선물해 봐.
친구가 어떤 책을 좋아할지 곰곰이 생각도 해 보고.

'당분간 읽지 않을 책'은 친구랑 교환해 보면 어떨까?
친구의 몰랐던 독서 취향도 알 수 있고,
새로운 분야의 책을 만날 수도 있을 거야.

책장 정리가 끝났다면

1 읽고 싶은 책은 적어도 일주일에 한 권씩은 꺼내 보자.

2 새 책을 사면, 책장의 책은 산 만큼 빼는 게 좋아.
   읽어야 할 책이 너무 많으면
   정작 재미있는 책조차도 읽고 싶지 않을 수 있거든.
   제아무리 맛있는 음식도, 적당히 먹어야 맛있는 법이지.

3 책장 정리는 1년에 한 번씩 하는 게 좋아.
   내가 얼마나 독서를 많이 했는지,
   내가 어떤 책을 더 좋아하게 됐는지
   알아보는 시간을 갖게 될 거야.

4 '다른 곳에 보관된 책이 잘 있는지' 궁금한 날이 오면 그 책을 찾아봐.

5 위 네 가지 규칙을 잘 지키며 삼 년 정도 습관을 들이다보면 책장의 책을 모두 다 읽게 될 거야.

25 독서의 효과는 언제 나타날까?

독서의 효과는 벼락치기 공부처럼 당장에 나타나지 않아.
단 며칠 만에 수십 권의 책을 읽었다고 하더라도
바로 머리가 좋아질 수도, 공부를 잘하게 될 수도 없단다.

빠르면 6개월 뒤, 길게는 2년이 넘을 수도 있어.

그러니 효과가 눈앞에 나타나지 않는다고 속상해하지 마.
모든 건 시간이 해결해 줄 거야.

> **질문**
> 독서의 효과를 되도록 빨리 보고 싶으면
> 어떻게 해야 하냐고?

독서의 재미를 빨리 느끼면 효과는 빨리 와.
독서의 재미를 느끼는 순간부터 진정한 독서가 시작되거든.

먼저, 재미있게 보이는 책을 찾아.
그리고 당장 책을 읽어.

초등학생의 독서는 어른의 독서보다 훨씬 효과적이야.
사실 독서뿐 아니라 모든 배움은 나이가 어릴수록 유리하지.
초등학생의 뇌는 스펀지처럼 뭐든 잘 빨아들이기 마련이거든.

다시 한 번 정리하자면
독서는 시간을 들인 만큼, 재미를 느낄수록 효과가 빨리 나타나.

그러니 지금 이 순간
나에게 맞는 책을 찾아 펼쳐 봐!

 ## 그래도 게임만 하고 싶다면?

지금 이 순간에도 책을 읽고 싶은 마음보다
게임을 하고 싶은 마음이 더 들면 어떻게 해야 할까?

책 한 권 읽었다고 해서
게임을 당장 멀리할 수는 없을 거야.

게임도 재미가 있으니 계속 생각이 나는 거겠지.

그렇지만 게임을 오래 하다 보면 다른 것을 할 수 없게 돼.
또 '하지 마라.'하면 더 하고 싶은 법이기도 하고.

게임은 스트레스를 풀거나,
잠깐의 휴식을 취하고 싶을 때만 찾는 거야.

그래도 계속 게임이 하고 싶을 땐 이렇게 생각해 봐.
'머리가 좋으면 게임을 더 잘할 수 있다.'

다시 한 번 말하지만,
독서는 머리를 좋게 하는 가장 빠르고 간편한 방법이야.

게임은 막무가내로 버튼만 누른다고 이기는 게 아니잖아?
머릿속에 나만의 승리 전략을 세워야 하고,
상대방이 숨기는 약점을 재빨리 찾아내야 해.
한마디로 말해서 머리를 잘 써야 하지.
그래서 게임을 잘하기 위해서라도 독서가 중요해.

게임 실력을 높이기 위해 독서부터 하자.
독서왕이 되면 게임왕은 식은 죽 먹기다!
이렇게 생각하는 거야.

어때, 벌써 책이 읽고 싶어서 몸이 근질근질하지?

독서왕들의 이야기

# 위인들의 독서 습관
-세종대왕

세종대왕은 백성을 사랑한 왕으로 유명해요. 그는 한글을 발명했고, 측우기, 해시계 등을 발명하는 데도 많은 도움을 주었습니다.

세종대왕은 어려서부터 책 읽기를 아주 좋아했어요. 어릴 적 별명은 '책 귀신'이었어요. 밥을 먹을 때도, 볼일을 볼 때에도 책을 손에서 놓지 않았거든요. 세종대왕의 아버지인 태종은 그런 아들을 보며 이렇게 걱정했다고 해요.

"비가 오나, 눈이 오나, 바람이 부나, 글만 읽는 내 아들.
 병이 날까 걱정되는 구나."

그렇게 하루 종일 독서만 하던 세종대왕은 결국, 허리에 병이 생겨 버렸어요. 그런데도 세종대왕은 독서를 포기하지 않았어요.

하루는 세종대왕이 밥상 앞에서도 책을 앞에 놓고 읽자, 곁에서 시중을 들던 신하가 걱정이 되어 물었어요.

"전하, 책이 그렇게도 좋으십니까?"
"그렇다. 책이 밥보다 좋다."
신하는 깜짝 놀라 다시 물었어요.
"어째서입니까?"
"책은 맛있는 식사와 같다. 책마다 맛이 다르고, 또 책을 읽으면 기분이 좋아진다."

어려서부터 책을 좋아한 세종대왕은 평생 만 권의 책을 읽었다고 해요. 정말 독서를 많이 한 '독서왕'이었죠. 세종대왕은 비교적 젊은 나이인, 22세에 왕이 되었지만 그 누구보다 훌륭하게 나라를 다스렸어요.

그를 훌륭한 왕으로 만든 건 바로 독서였다고 할 수 있어요. 수많은 독서를 통해 먼 미래를 내다보는 지혜를 얻고, 나라와 백성에게 꼭 필요한 것이 무엇인지도 알 수 있었지요.

백성들이 글자를 몰라 억울한 일을 당하지 않았으면 좋겠구나.

 # 위인들의 독서 습관
- 에디슨

에디슨은 발명가였어요. 백열전구, 영화 촬영기 등 1,000여 개가 넘는 발명품을 세상에 내놓았답니다. 이런 발명왕 에디슨의 어린 시절은 호기심으로 가득했어요. 하루는 병아리가 알에서 어떻게 깨어나는지가 너무 궁금해 직접 달걀을 품어 보기도 했거든요.

에디슨은 수업 시간에도 궁금한 점이 너무 많아 질문 폭탄을 쏟아냈어요.

"선생님, 사람은 어떻게 태어나나요?"
"목소리는 왜 사람마다 다른 거죠?"
"하품을 하는 이유는 뭐예요?"

결국 선생님은 에디슨을 향해 소리쳤어요.

"에디슨, 그만! 넌 멍청한 질문만 하는구나!"

그러고는 학교에서 쫓아냈어요.

하지만 에디슨의 어머니는 에디슨을 포기하지 않았어요. 어머니는 선생님을 대신해 직접 에디슨의 교육을 책임졌어요. 다행히도 에디슨은 독서에 관심을 보이기 시작했지요.

그렇게 해서 에디슨은 점점 책의 매력을 느끼게 되었고, 15세 무렵, '전기'에 관한 책을 읽고 나서 본격적으로 독서에 빠져들었어요. 그 후 에디슨은 매일 도서관에 갔고, 20세가 되기 전에 도서관에 있는 책을 단 한 권도 빼놓지 않고 다 읽었다고 해요. 그리고 책에서 얻은 지식과 상상력을 바탕으로 연구와 발명을 시작했지요.

그 결과 벨이 발명한 전화기를 더 편리하게 만들었고, 수명이 짧았던 백열전구를 40시간 이상 빛날 수 있게 만들었답니다.

만약 에디슨이 책을 읽지 않았다면 그의 놀라운 발명품들은 절대 세상에 나오지 못했을 거예요.

독서가 정신에 미치는 영향은 운동이 육체에 미치는 영향과 다름이 없다.

위인들의 독서 습관 -나폴레옹

나폴레옹은 프랑스의 장군이자 정치가예요. 그는 전쟁에서 거의 패한 적이 없었어요. 그래서 "내 사전에 불가능이란 없다."라는 말도 남겼지요.

나폴레옹은 어떻게 전쟁 영웅이 될 수 있었을까요? 어려서부터 키가 작고 왜소했던 나폴레옹에게는 친구가 많지 않았어요. 그래서 자연스레 책을 친구로 삼아 언제나 독서에 푹 빠져 지냈어요. 그 결과 나폴레옹은 11개월 만에 군사 학교를 졸업하고, 16세에 군인이 될 수 있었답니다.

나폴레옹이 즐겨 읽은 책은 전쟁이나 전쟁 영웅에 관한 책이었어요. 세계 곳곳의 지리나 역사에 관한 책도 많이 읽었답니다. 그렇게 읽은 책이 무려 3,000권이나 되지요.

나폴레옹은 전쟁 중에도 책을 손에서 놓지 않았어요. 전쟁터에 나갈 때마다 마차가 이끄는 '이동 도서실'을 끌고 다녔는데 그렇게 가지고 다닌 책이 1,000권이 넘었다고 해요.

그 덕에 나폴레옹은 뭐든 집중할 수 있는 능력과 상황을 정확히 꿰뚫어 볼 수 있는 통찰력을 갖게 되었어요. 더불어 어떻게 작전을 짜면 전쟁에서 승리할지 생각하고 앞을 내다보는 판단을 하는 능력까지도 지니게 되었답니다.

그렇게 해서 그는 유럽의 절반을 손에 넣어 자신의 나라인 프랑스를 유럽 제일의 나라로 만들었고, 본인은 역사상 가장 위대한 지도자 중 한 사람이 되었어요.

천재적인 전쟁 영웅 나폴레옹, 그를 누구도 넘볼 수 없는 거인으로 만들어 준 건 바로 독서였지요.

위인들의 독서 습관
_빌 게이츠

빌 게이츠는 19세에 하버드대를 중퇴하고 마이크로소프트라는 회사를 세워 몇 년 후 컴퓨터 운영체제인 windows(윈도우즈)를 세상에 내놓았어요. 이후 윈도우즈용 프로그램이 속속 등장하면서 마이크로소프트는 컴퓨터 운영체제 분야의 최고 자리에 오르게 되었지요.

덕분에 빌 게이츠는 세상에서 제일가는 부자가 되었어요. 그가 31세 때의 일이에요.

그런데 말이에요. 어린 시절의 빌 게이츠는 사실 공부를 재미없어 했대요. 그저 책만 열심히 읽는 소년이었어요. 그래서 하루도 쉬지 않고 도서관에 다녔죠. 10세가 되기 전에 이미 백과사전을 다 읽었을 정도니 엄청난 독서광이었던 게 분명해요.

그렇게 책만 읽던 빌 게이츠의 눈에 들어온 게 있었어요. 바로 컴퓨터였죠. 그때부터 빌 게이츠는 컴퓨터 언어를 배우고, 프로그램 만드는 방법을 연구한 거예요.

만약 빌 게이츠가 독서를 좋아하지 않았다면 컴퓨터와 관련된 책을 접할 기회도 없었을 거고, 컴퓨터 프로그램을 만들 일도 없었을 거예요. 그렇게 되었다면 오늘날 우리는 다른 방식으로 컴퓨터를 사용하고 있지 않을까요?

빌 게이츠는 독서를 통해 남들보다 앞선 생각을 하게 되었고, 세상을 남다르게 바라보는 안목을 넓힐 수 있었다고 하면서 이런 말을 했어요.

"오늘날의 나를 만든 것은 우리 마을 도서관이다. 하버드대 졸업장보다 소중한 것이 독서하는 습관이다."

빌 게이츠는 아직도 하루에 두세 시간은 독서 시간을 가지려 노력한다고 해요.

어릴 적 나에겐 정말 많은 꿈이 있었다. 그 꿈의 대부분은 많은 책을 읽었기에 가능했다고 생각한다.